뚝딱!

엄마와 아이가 같이 쓰는 서로의 마음

엄마가
내 엄마라서
좋아!

네가
내 아이라서
좋아!

서사원주니어

저는 어린이와 매일 만나 책을 읽고 글을 쓰는 독서 교사입니다. 수업을 마치고 어린이들의 글을 부모님께 보여 드리면 자주 하시는 말씀이 있습니다. 몰랐던 아이 마음을 아이 글에서 알게 되었다는 것이죠. 예나 지금이나 주로 '아이가 이런 생각을 하는지 몰랐다', '기특하다', '고맙다', '미안하다'였고 그 다음은 '아이 아빠에게도 보여 주어야겠다'였어요.

이런 이야기를 들을 때마다 저는 제 일의 보람과 감사를 느끼며, 무엇보다 글쓰기의 힘을 절감합니다. 글은 자신도 모르는 사이 자신의 마음을 돌아보게 하고, 스쳐 지나갔던 생각과 감정을 잘 담아내어 주기도 합니다. 평소 말로 하기 힘들었던 마음을 드러낼 용기를 주는 것도 글이 가진 힘이에요.

특히 어린이의 글은 솔직하고 꾸밈없는 날것 그대로여서 더 진하게 사람의 마음을 움직입니다. 그 마음이 글을 읽은 부모님께 가 닿을 때, 비로소 의미를 더하게 되고, 또한 서로를 더 이어 줍니다.

다음은 저와 수업했던 한 어린이가 아버지에 대해 쓴 글의 일부입니다.

우리 아빠가 한참 동안 힘이 없던 적이 있다. 엄마가 그러는데 일을 하면서 만난 사람하고 안 좋은 일이 있어서 그랬다고 했다. 아빠가 너무 힘들어 보여서 눈치도 보이고 괜히 죄송하기도 했다.

얼마 후 가족이 같이 밥을 먹는데 아빠가 "반찬이 이게 뭐야."라고 했고 나도 마음에 들지 않아 "그러니까 이게 뭐야."라고 했다. 엄마가 "아들 둘 키우는 것 같네. 그냥 주는 대로 먹어."라고 해서 우리 모두 웃었다. 그리고 나는 그때 마음이 조금 놓이면서 웃음이 났다. 그리고 아빠의 일은 잘 해결되었다고 했다.

우리를 위해 일하는 엄마, 아빠가 힘든 시련을 꾹 참고 견디는 모습이 자랑스럽다. 누군가의 구박과 시련, 고난 따위를 헤치워 버리는 사람들이 나의 가족이라는 것이 고맙고 자랑스럽다.

평소 정말 까불까불하던 어린이의 글이라 더욱 감동받았고, 글을 보신 어머니도 남편 분과 함께 기쁘게 보았다고 전해 주셨지요.

그런데 늘 아쉬운 점이 한 가지 있어요. 어머니들은 아이의 글을 읽고 감동받았고, 아이를 좀 더 이해하게 되었다고 말씀하시면서, 정작 자신은 아이에게 표현하지 않으시더라고요. 부모님도 어린이의 마음에 응답해 주시면 어떨까요?

이 책에서 지금 바로 쓰고 싶은 주제를 하나씩 골라 보세요. 그리고 글을 쓰며 서로의 마음을 발견하고 이어 보세요.

아무래도 더 많은 시간을 보내는 사람이 엄마인 가정이 많아, 이 책은 아이와 '엄마'를 주인공으로 하지만, 아빠가 쓰셔도 더욱 좋습니다. 또 왼쪽 페이지는 아이, 오른쪽 페이지는 부모님이 쓰게 되어 있는데, 둘 중 누가 먼저 써도 좋아요.

우리는 흔히 부모가 되어 보지 않으면 부모의 마음을 모른다고 합니다. 부모에 대한 아이의 사랑보다, 아이에 대한 부모의 사랑이 훨씬 크다고 하지요. 그런데 가만 생각해 보면요, 부모는 인생을 보내오다, 아이가 태어나는 순간부터 아이를 사랑하지만, 아이는 태어나는 순간, 아니 뱃속에서부터 온 인생을 바쳐 부모를 사랑합니다.

어린이는 우리가 생각하는 것 이상으로 부모를 의지하고 사랑한다고 생각해요. 이 책을 함께하며, 그 마음을 더 깊이 느껴 보시기를 바랍니다.

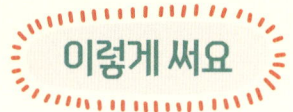

* 아이와 엄마의 글을 참고로 행복한 글쓰기를 시작하세요.

년 월 일

엄마는 항상 좋지만 그래도 기억에 쏙! 남는 순간들이 있을 거예요.
엄마와 같이 웃었던 날일수도 있고, 무언가를 경험한 날일 수도 있지요.
그 순간을 떠올려 어떤 일이었는지 3가지를 써요. 왜 좋았는지도요.

엄마가 항상 좋지만, 정말 좋았던 순간들이 있다.

첫째, 엄마가 특히 더 좋을 때는 칭찬해 주실 때, 사랑해 주실 때이다. 엄마가 마트에 가신 동안 동생을 잘 돌보았다고 엄청 칭찬해 주셨다.

둘째, 내가 좋아하는 만화책을 사 주실 때다. 문제집도 사 주시지만, 만화책도 사 주신다. 그러려고 열심히 일하시는 엄마에게 감사하다.

셋째, 엄마가 맛있는 떡볶이를 만들어 주실 때 정말 좋다. 나중에 커서 엄마에게 떡볶이를 정말 많이 사 드리고 싶다.

부모님의 한 줄 댓글

엄마를 있는 그대로 사랑해줘서 고마워. 더 많이 칭찬해주고 응원하는 엄마가 될게.

 부모님이 써요

년 월 일

내 아이가 좋은 순간 3가지

매일 아이를 보면 힘들다가도 웃고 감동받을 때가 있지요.
그중에서도 마음이 뭉클하고 웃음이 났던 참 좋았던 순간을 떠올려 보세요.
그 장면을 떠올려 그 순간 아이가 얼마나 사랑스러웠는지 담아 보면 좋겠어요.

___지우___ 가 우주 최고로 좋은 건 당연하다.

나의 첫 번째 보물 지우가 나를 웃음짓게 하는 순간들은 너무 많지만 그 중에 3가지라면…
첫째, 내가 새 옷을 입었을 때, 속눈썹 펌을 했을 때, 화장했을 때 등 엄마의 작은 변화를 가장 먼저 알아봐준다. 장원영 같다며, 과분하지만 미소짓게 되는 칭찬을 마구 해 준다.
둘째, 평소보다 유독 힘들었던 날, 내 표정을 살피더니 조용히 동생에게 할 일을 알려 주고, 빨래도 개어 주며, 뒤에서 꼬옥 안아 주는 지우. 너를 통해 다시 힘을 얻은 적이 많다.
셋째, 낯가림이 심했던 네가 거울에 비친 자기 모습에 심취해 춤추는 모습을 보며 웃는다. 왠지 모를 안도감도 느껴진다.

어린이의 한 줄 댓글

저는 엄마에게 관심이 정말 많아요. 엄마를 언제나 먼저 알아봐 줄 거예요.

차 례

어린이가 써요	부모님이 써요	
엄마가 좋은 순간 3가지	내 아이가 좋은 순간 3가지	8
엄마가 미운 순간	아이가 미운 순간	10
엄마를 화나게 한 순간	아이를 화나게 한 순간	12
엄마를 행복하게 하는 법	아이를 행복하게 하는 법	14
엄마와 함께 하고 싶은 것	아이와 함께 하고 싶은 것	16
행복한 필사 시간_잠 잘 자거라		18
엄마 몰래 하고 싶은(했던) 일	아이 몰래 하고 싶은(했던) 일	20
방학을 즐겁게 보내는 법	아이와 방학 잘 보내는 법	22
엄마와 먹었던 음식 중 최고	아이와 먹었던 음식 중 최고	24
엄마와 함께한 잊지 못할 추억	아이와 함께한 잊지 못할 추억	26
엄마에게 미안한 순간	아이에게 미안한 순간	28
행복한 필사 시간_ 호수		30
엄마 없이 못하는 것	아이 없이 못하는 것	32
20살에 나와 엄마는 무엇을 하고 있을까?	60살에 나는 아이와 무엇을 하고 있을까?	34
만약 엄마가 없다면	만약 아이가 없다면	36
엄마에게 하게 되는 잔소리	아이에게 자주 하는 잔소리	38
엄마를 더 사랑하는 법	아이를 더 사랑하는 법	40
행복한 필사 시간_ 나무		42
엄마에게 사 주고 싶은 것	아이에게 꼭 사 주고 싶은 것	44
엄마에게 선물하고 싶은 단어 3개	아이에게 선물하고 싶은 단어 3개	46
엄마가 좋아하는 음식 3가지	아이가 좋아하는 음식 3가지	48
엄마가 잘하는 것	아이가 잘하는 것	50
엄마가 힘들어 보일 때	아이가 힘들어 보일 때	52
행복한 필사 시간_ 엄마 손		54

엄마에게 서운했던 일	아이에게 서운했던 일	56
엄마가 자는 모습을 보면 드는 생각	아이가 자는 모습을 보면 드는 생각	58
엄마에게 추천하고 싶은 책	아이에게 추천하고 싶은 책	60
엄마는 어떤 어린이였을까?	내 아이는 어떤 어른이 될까?	62
내 나이 때의 엄마에게 하고 싶은 말	내 나이가 된 아이에게 하고 싶은 말	64
행복한 필사 시간_ 엄마야 누나야		66
어른이 되고 싶은 순간	아이로 돌아가고 싶은 순간	68
나의 추억이 담긴 장소	엄마의 추억이 담긴 장소	70
엄마가 좋아하는 취미	아이가 좋아하는 취미	72
엄마와 같이 배우고 싶은 것	아이와 같이 배우고 싶은 것	74
엄마와 여행하고 싶은 곳	아이와 여행하고 싶은 곳	76
행복한 필사 시간_ 아기는 무섬쟁이		78
엄마가 자주 하는 말을 들을 때의 마음	아이가 자주 하는 말을 들을 때의 마음	80
엄마를 오해한 순간	아이를 오해한 순간	82
내가 생각하는 좋은 친구	내가 생각하는 좋은 친구	84
엄마가 정말 싫어하는 것 3가지	아이가 정말 싫어하는 것 3가지	86
엄마와 나눈 이야기 중 가장 좋았던 것	아이와 나눈 이야기 중 가장 좋았던 것	88
행복한 필사 시간_ 제일로 소중한 것		90
엄마의 하루를 산다면?	아이의 하루를 산다면?	92
엄마가 자주 하는 실수	아이가 자주 하는 실수	94
엄마가 가장 아끼는 물건	아이가 가장 아끼는 물건	96
내가 엄마를 보고 배우는 것	내가 아이를 보고 배우는 것	98
엄마 자랑 시간	아이 자랑 시간	100
행복한 필사 시간_ 병아리		102

년 월 일

엄마가 좋은 순간 3가지

엄마는 항상 좋지만 그래도 기억에 쏙! 남는 순간들이 있을 거예요.
엄마와 같이 웃었던 날일수도 있고, 무언가를 경험한 날일 수도 있지요.
그 순간을 떠올려 어떤 일이었는지 3가지를 써요. 왜 좋았는지도요.

엄마가 항상 좋지만, 정말 좋았던 순간들이 있다.

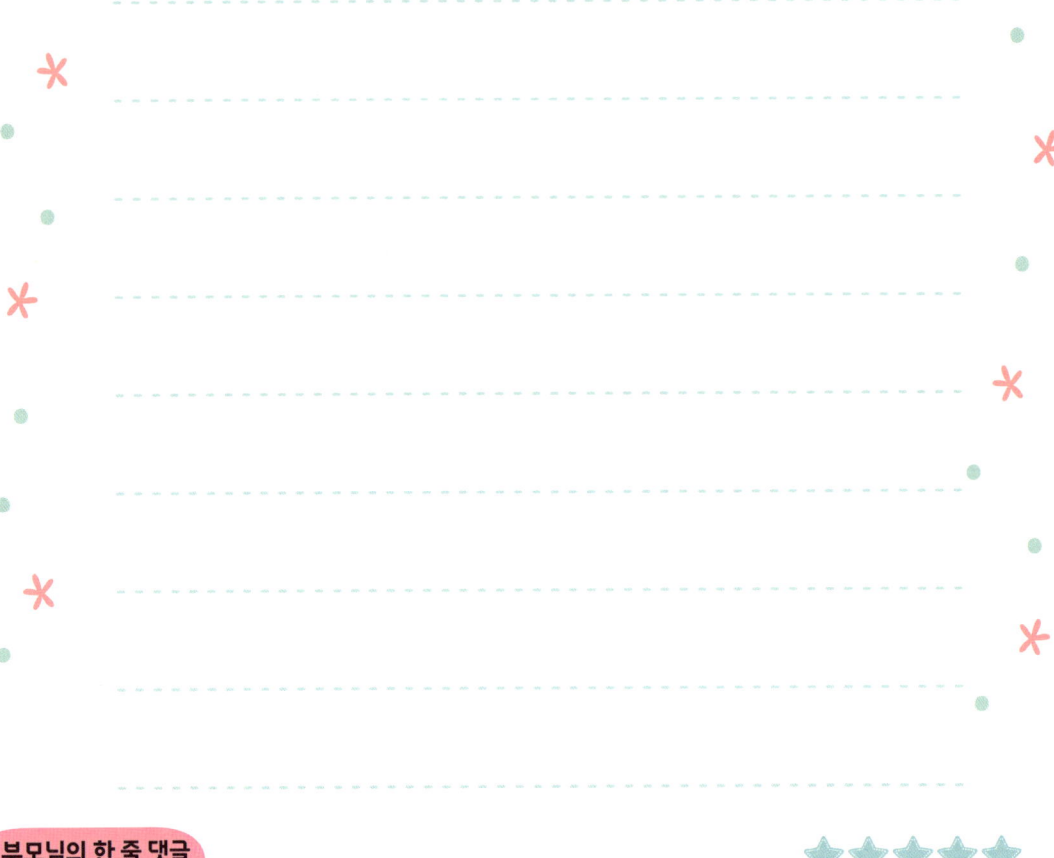

부모님의 한 줄 댓글 ☆☆☆☆☆

 부모님이 써요

년　　월　　일

내 아이가 좋은 순간 3가지

매일 아이를 보면 힘들다가도 웃고 감동받을 때가 있지요.
그중에서도 마음이 뭉클하고 웃음이 났던 참 좋았던 순간을 떠올려 보세요.
그 장면을 떠올려 그 순간 아이가 얼마나 사랑스러웠는지 담아 보면 좋겠어요.

_____가 우주 최고로 좋은 건 당연하다.

어린이의 한 줄 댓글

　　　　　　　　　년　　월　　일

엄마가 미운 순간

엄마는 날 사랑하지만 가끔은 조금 미울 때도 있어요.
내 말을 안 들어주거나 약속을 어길 때, 속상하지 않았나요?
그 순간을 떠올려 그때가 언제였는지, 엄마가 왜 미웠는지, 내 마음은 어땠는지 써요.

부모님의 한 줄 댓글　　　　　　　　　☆☆☆☆☆

년   월   일

아이가 미운 순간

내 아이는 세상에서 가장 소중하지만, 일상을 함께하다 보면 괜히 미워지는 순간도 있을 거예요. 화를 내거나 떼를 쓸 때가 그렇죠. 그 순간을 들여다보세요. 그 순간의 내 감정도요.

어린이의 한 줄 댓글

년 월 일

엄마를 화나게 한 순간

엄마를 화나게 한 적이 있나요? 그때 엄마는 어떤 표정이었고, 나는 무슨 생각을 했나요?
내가 어떤 행동이나 말을 하면 엄마가 화나는지 생각하는 것만으로도
앞으로 조금 더 나아질 수 있어요.

부모님의 한 줄 댓글 ☆☆☆☆☆

부모님이 써요

년   월   일

아이를 화나게 한 순간

내가 행동이나 말로 아이를 화나게 한 적이 있나요?
아이의 감정을 존중하지 않았던 순간이 있는지, 그때의 상황과 마음, 결과를 있는 그대로 써요.
시간이 지난 지금은 그 일을 어떻게 바라보는지도 정리해 보면 좋겠어요.

어린이의 한 줄 댓글

☆☆☆☆☆

년   월   일

엄마를 행복하게 하는 법

내가 사랑하는 엄마가 언제 가장 행복해 보였나요? 내가 무엇을 할 때 기뻐했나요?
그때의 말과 행동을 떠올려 앞으로 내가 할 수 있는 것들도 함께 써요.
작은 일도 엄마에게는 큰 행복이 될 거예요.

부모님의 한 줄 댓글

부모님이 써요

년　월　일

아이를 행복하게 하는 법

내가 어떤 것을 했을 때 아이가 눈을 반짝이며 웃었나요? 아이를 행복하게 해 주는 말, 행동, 시간들을 돌아보세요. 앞으로 아이와 어떻게 더 따뜻한 시간을 보낼 수 있을지 떠올려 써 보는 거죠. 행복은 함께 만들어 가는 것이니까요.

어린이의 한 줄 댓글

년 월 일

엄마와 함께 하고 싶은 것

엄마와 함께 있으면 즐거운 일이 많지요? 앞으로 엄마와 꼭 해 보고 싶은 일,
가고 싶은 곳, 하고 싶은 말이 있다면 써 보세요.
내 마음속에 담아 두었던 바람을 엄마도 알게 된다면 그 일이 이루어질지도 몰라요.

부모님의 한 줄 댓글

 부모님이 써요

년　월　일

아이와 함께 하고 싶은 것

아이가 커갈수록 함께 보내는 시간이 점점 더 소중하게 느껴지죠.
함께 해 보고 싶은 일, 가고 싶은 곳, 만들고 싶은 추억을 지금 적어 보세요.
작은 소망을 쓰는 것만으로 이미 반은 시작되었어요.

어린이의 한 줄 댓글

☆☆☆☆☆

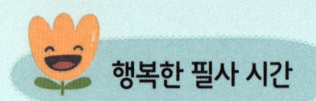

잠 잘 자거라

서덕출

애기야 우리 애기 착한 애기야
포근포근 품에 안겨 잠 잘 자거라
평화로운 너의 꿈이 머리맡에서
자장자장 노래하며 기다린단다

애기야 우리 애기 착한 애기야
포근포근 품에 안녕 잠 잘 자거라
새 움 트는 봄바람이 머리맡에서
자장자장 손짓하며 나부낀단다

 어린이가 써요

잠 잘 자거라

애기야 우리 애기 착한 애기야

 부모님이 이어서 써요

애기야 우리 애기 착한 애기야

년   월   일

엄마 몰래 하고 싶은(했던) 일

엄마가 알면 깜짝 놀랄지 모르지만, 몰래 해 보고 싶은 일이나 진짜 했던 일이 있나요? 그때 마음이 어땠고, 결과는 어땠는지 써 보세요. 장난스럽고 아찔했던 순간, 지금 생각하면 어떤 기분이 드나요?

부모님의 한 줄 댓글 ☆☆☆☆☆

년　　　월　　　일

아이 몰래 하고 싶은(했던) 일

아이를 위해 몰래 하고 싶은 일이나 했던 일은 무엇인가요?
가끔은 아이 몰래 하고 싶은 일도 있잖아요. 그것이 누구를 위한 일이든 말이에요.
왜 몰래 하고 싶은지(했는지), 어떤 마음인지도 궁금해요.

어린이의 한 줄 댓글

년 월 일

방학을 즐겁게 보내는 법

방학에 뭘 하면 좋을까요? 내가 좋아하는 것, 친구들과 하고 싶은 것, 혼자서도 해 보고 싶은 것, 가족과 하고 싶은 것을 떠올려 써 보세요. 하루하루를 재미있고 의미 있게 보내는 방식을 생각해 보는 거예요.

부모님의 한 줄 댓글 ★★★★★

년   월   일

아이와 방학 잘 보내는 법

방학은 아이와 지낼 수 있는 특별한 시간이에요.
엄마도 아이도 지치지 않으면서 행복할 수 있는 방법을 생각해 보세요.
작은 여행, 특별한 하루, 평범한 시간 속에서 웃을 수 있는 순간들을 그려 보는 거예요.

어린이의 한 줄 댓글

년 월 일

엄마와 먹었던 음식 중 최고

엄마와 먹었던 음식 중 유난히 맛있었던 음식이 있나요? 집밥인지, 외식인지, 그때 엄마는 어떤 표정이었는지도 떠올려 보세요. 음식 맛뿐 아니라 그때의 기분과 대화도 함께 적어 보면 좋아요. 음식과 함께 기억되는 순간들, 참 소중하니까요.

부모님의 한 줄 댓글 ★★★★★

부모님이 써요

년 월 일

아이와 먹었던 음식 중 최고

여행지에서, 특별한 날에, 혹은 평범한 하루였지만 음식이 유난히 맛있게 느껴졌던 순간을 떠올려 보세요. 그때 아이의 표정, 대화, 분위기까지 함께 적어 보면 더 따뜻한 글이 될 거예요. 음식에 담긴 추억, 궁금해요.

어린이의 한 줄 댓글

년 월 일

엄마와 함께한 잊지 못할 추억

엄마와 함께한 시간 중 특별히 기억에 남는 순간이 있나요?
여행, 놀이, 혹은 아주 짧은 대화 한 마디라도 괜찮아요. 어떤 일이 있었고, 내 마음이 어땠는지,
그리고 왜 그 순간이 잊히지 않는지 써 보세요.

부모님의 한 줄 댓글

년   월   일

아이와 함께한 잊지 못할 추억

아이와 함께했던 수많은 순간 중 유독 기억에 남는 장면이 있을 거예요.
웃었던 일, 감동받았던 일, 혹은 마음이 울컥했던 일도요.
그 장면을 떠올리며 지금도 마음이 따뜻해지는 이유를 함께 적어 보세요.

어린이의 한 줄 댓글

어린이가 써요

년 월 일

엄마에게 미안한 순간

엄마에게 미안했던 순간이 있나요? 어떤 상황이었고, 왜 그런 일이 생겼는지,
엄마는 어떻게 반응했는지도 떠올려 보세요. 그 일을 생각하면 지금 내 마음은 어떤가요?
엄마에게 꼭 전하고 싶은 말도 함께 써 보세요. 미안함도 사실 사랑의 일부예요.

부모님의 한 줄 댓글

 부모님이 써요

년   월   일

아이에게 미안한 순간

아이를 키우다 보면 미안한 순간이 때때로 있지요. 혼냈던 일, 마음을 몰라 줬던 일, 혹은 너무 바빠서 지나쳤던 순간도 있을 거예요. 그때 아이의 반응, 내 마음속 감정, 그리고 지금 전하고 싶은 이야기를 담아 보세요.

어린이의 한 줄 댓글

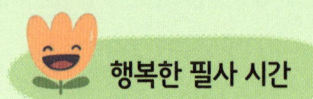 행복한 필사 시간

호수

정지용

얼골 하나야
손바닥 둘로
폭 가리지만,

보고 싶은 마음
호수만 하니
눈 감을 밖에

* 얼골: '얼굴'의 사투리, 옛말

어린이가 써요

호수

얼굴 하나야   보고 싶은 마음

부모님이 써요

호수

얼굴 하나야   보고 싶은 마음

년 월 일

엄마 없이 못하는 것

스스로 해 보려고 하지만, 엄마가 없으면 잘 안 되는 일이 있지요.
엄마가 도와줘서 가능한 일, 엄마가 있어서 든든한 것들,
그리고 엄마가 없으면 불안해지는 순간, 엄마 없이 못하는 것을 써 보세요.

부모님의 한 줄 댓글

부모님이 써요

년　월　일

아이 없이 못하는 것

아이 없이는 생각조차 어려운 일들이 있지요. 아이 덕분에 웃고, 아이 덕분에 움직이고, 아이 덕분에 더 단단해진 마음도 있어요. 아이 없이 내가 할 수 없는 것을 돌아보며 아이의 존재를 되새겨 보세요.

어린이의 한 줄 댓글

년　월　일

20살에 나는 엄마와 무엇을 하고 있을까?

시간이 흘러 내가 20살이 되면, 난 무엇을 하고 있고, 엄마는 어떤 모습일까요?
함께 나눌 대화, 하고 싶은 일, 바라는 관계까지 담아 보세요.
미래를 그리다 보면 지금을 더 사랑하게 될 거예요.

부모님의 한 줄 댓글　　　　　　　　　　★★★★★

부모님이 써요

년   월   일

60살에 나는 아이와 무엇을 하고 있을까?

내가 나이 들어 60살이 되었을 때, 나는 어떤 삶을 살고 있을까요?
아이는 어떤 어른이 되어 있을까요? 지금의 나와 아이의 관계를 떠올리며,
미래에도 함께하고 싶은 모습과 마음을 상상해 써 보세요.

어린이의 한 줄 댓글

년 월 일

만약 엄마가 없다면

엄마는 항상 내 옆에 계시지만, 어느 날 문득 엄마가 없다고 상상해 보면 마음이 이상해져요.
엄마가 없으면 어떤 게 가장 걱정되고, 무엇이 가장 그리울지 써 보세요.
엄마가 지금 곁에 있는 것이 얼마나 소중한 일인지 느껴질 거예요.

부모님의 한 줄 댓글

부모님이 써요

년   월   일

만약 아이가 없다면

아이 없이 산다면 어떤 모습일까요? 조용하고 느긋할 수 있지만, 텅 빈 느낌이겠죠.
아이 없는 하루를 상상하며, 내가 얼마나 아이를 생각하고 있는지,
그리고 지금 함께하는 시간이 얼마나 귀한지를 적어 보세요.

_____

_____

_____

_____

_____

_____

_____

_____

_____

어린이의 한 줄 댓글

년 월 일

엄마에게 하게 되는 잔소리

보통은 엄마가 내게 잔소리를 하지만, 나도 엄마에게 잔소리를 할 때가 있어요.
건강, 말투, 생활 습관 등 어떤 것에 대해 잔소리를 하게 되는지 써요.
왜 그런 말을 하게 되는지, 진짜로 엄마에게 전하고 싶은 마음이 무엇인지 함께 적어 보세요.

부모님의 한 줄 댓글   ★★★★★

년　　월　　일

아이에게 자주 하는 잔소리

아이에게 자주 하는 말이 있나요? 행동, 습관, 걱정되는 일….
결국 아이가 잘 되길 바라는 마음에서 나온 말이겠지요. 그 말을 왜 하는지,
하고 난 후 어떤 마음이 드는지, 아이 반응은 어떤지 떠올리며 적어 보세요.

어린이의 한 줄 댓글

년 월 일

엄마를 더 사랑하는 법

엄마를 더 사랑하려면 무엇을 하면 좋을까요?
엄마가 웃을 때는 언제인지, 어떤 말을 들었을 때 기뻐하는지도 떠올려 보세요.
내가 할 수 있는 행동이나 말, 그리고 엄마를 생각하는 마음을 담아 써 보세요.

부모님의 한 줄 댓글

년 월 일

아이를 더 사랑하는 법

아이를 더 사랑한다는 건 매일 조금씩 더 이해하고, 더 많이 바라봐 주는 일이에요. 어떻게 표현하면 아이가 '엄마가 날 정말 사랑하는구나' 하고 느낄 수 있을까요? 내 마음이 어떤지와 함께, 실천하고 싶은 일도 함께 써 보세요.

어린이의 한 줄 댓글

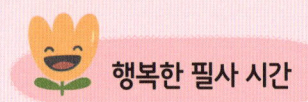 행복한 필사 시간

나무

윤동주

나무가 춤을 추면
바람이 불고,
나무가 잠잠하면
바람도 자오.

 어린이가 써요

나무

나무가

부모님이 써요

나무

나무가

어린이가 써요

년 월 일

엄마에게 사 주고 싶은 것

엄마에게 꼭 한 가지를 사드릴 수 있다면, 그것은 무엇인가요? 값비싼 것이 아니어도 좋아요.
엄마에게 필요한 것, 엄마에게 잘 어울리는 것, 엄마를 웃게 만들 수 있는 물건을 떠올려요.
그리고 왜 그것을 골랐는지도 적어 보세요.

부모님의 한 줄 댓글

년   월   일

아이에게 꼭 사 주고 싶은 것

아이에게 지금 꼭 한 가지를 사 주고 싶다면 그것은 무엇인가요?
장난감, 책이나 옷, 또는 오래오래 기억에 남을 물건일 수도 있지요.
무엇을 사 주고 싶은지, 그리고 그 물건에 어떤 마음을 담을지도 함께 써 보세요.

어린이의 한 줄 댓글

년 월 일

엄마에게 선물하고 싶은 단어 3개

엄마에게 선물하고 싶은 단어는 어떤 것인가요?
'고마워요'같이 눈에 보이지 않는 말일 수도 있고, '벚꽃'같이 예쁜 말일 수도 있겠죠.
단어 3개를 쓰고, 그 단어를 고른 이유, 엄마에게 선물하면 어떤 반응일지 써 보세요.

부모님의 한 줄 댓글 ☆☆☆☆☆

년　월　일

아이에게 선물하고 싶은 단어 3개

눈에 보이는 것도 좋지만 의미 있고, 가치 있는 단어들을 선물하는 것도 좋을 거예요.
'멋지다', '괜찮아', '잘하고 있어' 같은 응원, '인내'와 같은 말도 좋겠지요.
그 단어를 선물하고 싶은 이유를 담아 써 보세요.

어린이의 한 줄 댓글

년 월 일

엄마가 좋아하는 음식 3가지

엄마가 좋아하는 음식이 무엇인지 알고 있나요?
자주 만들어 먹는 음식일 수도 있고, 특별한 날에 꼭 먹는 음식일 수도 있어요.
우리 엄마는 그 음식을 왜 좋아하는지 알고 있다면 같이 써 보세요.

부모님의 한 줄 댓글

년　　월　　일

아이가 좋아하는 음식 3가지

아이가 정말 좋아하는 음식이 있을 거예요. 아이가 자주 먹자고 하는 음식은 무엇인가요? 언제부터 좋아했는지, 왜 좋아하는지, 음식을 먹을 때 어떤 표정을 짓고 반응을 보이는지 떠올려 보세요. 있었던 일을 구체적으로 담아 쓰면 더 좋습니다.

어린이의 한 줄 댓글

★★★★★

년 월 일

엄마가 잘하는 것

엄마는 어떤 일을 잘하실까요? 요리, 청소, 회사 일처럼 눈에 보이는 능력도 있지만, 조용히 안아 주는 일이나 내 마음을 읽어 주는 일도 있어요.
내가 보기에 엄마가 잘하는 것, 그리고 왜 그렇게 생각하는지도 써 보세요.

부모님의 한 줄 댓글

년 월 일

아이가 잘하는 것

내 아이는 무엇을 잘하나요? 미술, 수학처럼 특별한 재능일 수도 있고,
친구와 잘 지내기, 동생 챙기기 같은 따뜻한 행동일 수도 있어요.
평소에 자주 말해 주지 못했지만 마음속으로 생각했던 칭찬들을 꺼내어 보는 것도 좋아요.

어린이의 한 줄 댓글

☆☆☆☆☆

년 월 일

엄마가 힘들어 보일 때

엄마가 지쳐 보인 적이 있나요? 그 순간, 나는 무슨 생각을 했나요? 혹시 그때 내가 해 준 말이나 행동이 있었다면 적어 보세요. 다음에 엄마가 힘들어 보일 때 나는 어떤 말을 해 주고 싶은가요? 내가 쓴 글이 엄마에게 큰 위로가 될 수 있어요.

부모님의 한 줄 댓글

부모님이 써요

년   월   일

아이가 힘들어 보일 때

아이가 힘들어 보이는 순간, 엄마는 눈빛으로 먼저 알아차리곤 해요.
말하지 않아도 느껴지는 아이의 마음, 그때 나는 무슨 생각을 했고 어떤 말로 다가갔나요?
아이에게 해 주고 싶은 말이나, 더 잘해 줄 수 있었던 일이 있다면 함께 적어 보세요.

어린이의 한 줄 댓글

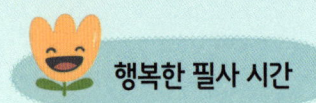 행복한 필사 시간

엄마 손

권태웅

엄마 손은 잠손
잠이 오는 손.

엄마 손은 약손
병이 낫는 손.

토닥토닥 아기 이불
두드리면은
솔 솔 눈이 감기며
잠이 들고.

살근살근 아기 배를
문지르면은
아픈 배가 쑥 쏙
이내 낫고.

엄마 손

엄마 손은 잠손   토닥토닥 아기 이불

엄마 손은 약손   살근살근 아기 배를

년 월 일

엄마에게 서운했던 일

엄마가 한 말이나 행동이 마음에 걸렸던 적이 있나요? 그때 내 마음은 어땠는지 솔직하게 써 보세요.
지금은 그 마음이 어떻게 달라졌는지도 함께 담아 보면, 더 깊이 있는 글이 될 거예요.
이 글은 엄마를 더 잘 이해할 수 있는 계기가 될 수 있어요.

부모님의 한 줄 댓글

부모님이 써요

년   월   일

아이에게 서운했던 일

가끔은 아이에게 서운한 감정이 마음속에 스며들 때가 있어요.
아이가 무심한 말 한마디를 하거나, 내 마음을 몰라줄 때 그런 마음이 들지요.
그날 있었던 일, 그때의 내 기분, 그리고 지금은 어떤 마음인지 천천히 떠올리며 적어 보세요.

어린이의 한 줄 댓글

어린이가 써요

년 월 일

엄마가 자는 모습을 보면 드는 생각

우리 엄마가 곤히 주무시는 모습을 본 적이 있죠?
깊은 잠에 빠져든 엄마를 보면 어떤 생각이 드나요? 가끔은 엄마도 아픈 날이 있죠.
아픈 날 주무시는 모습을 보았다면 그날의 기억을 떠올려도 좋아요.

부모님의 한 줄 댓글 ⭐⭐⭐⭐⭐

 부모님이 써요

년 월 일

아이가 자는 모습을 보면 드는 생각

잠든 아이의 얼굴을 바라보면, 종일 분주히 지냈을 아이의 모습이 떠올라 마음이 뭉클해져요. 아이는 어떤 표정을 짓고 있나요? 아이의 숨결을 들으며 떠오른 감정과 생각들을 글로 남겨 보세요. 그 순간의 평화로움이 글에도 담길 거예요.

어린이의 한 줄 댓글

년　월　일

엄마에게 추천하고 싶은 책

엄마에게 한 권의 책을 추천할 수 있다면, 어떤 책을 고르고 싶나요? 내가 좋아하는 책은 엄마 마음에도 닿을 거예요. 같은 책을 읽는다는 것은 읽을 때의 기쁨을 함께 누리고 싶다는 것이기에, 좋아하는 사람에게만 할 수 있는 일이에요. 그 책을 권하고 싶은 이유도 써 보세요.

부모님의 한 줄 댓글

년　　　월　　　일

아이에게 추천하고 싶은 책

아이가 꼭 읽으면 좋겠다고 생각한 책이 있나요? 엄마의 인생 책일 수도 있고, 아이 책 중에 먼저 읽어 보고 좋았던 책일 수도 있어요. 책을 추천해 준다는 건 그 사람과 삶의 기쁨도 함께하겠다는 의미죠. 추천하고 싶은 이유까지 함께 써 보세요.

어린이의 한 줄 댓글

년 월 일

엄마는 어떤 어린이였을까?

엄마가 나처럼 어렸을 때 어떤 모습이었을까요? 장난꾸러기였을지, 조용한 아이였을지 상상해 보세요. 무엇을 좋아했고, 하루하루 어떻게 보냈을까요? 스스로 상상하거나 들은 이야기를 바탕으로 적어 보면 재미있는 글이 될 거예요.

부모님의 한 줄 댓글

년　월　일

내 아이는 어떤 어른이 될까?

내 아이도 언젠가는 어른이 되겠지요. 그때 어떤 직업을 갖고 있을지, 성격은 어떨지, 어떻게 살아갈지 상상해 보세요. 기대되는 점, 걱정되는 점도 써 보세요. 이 글이 미래의 아이에게 보내는 편지일지도 몰라요.

어린이의 한 줄 댓글

년 월 일

내 나이 때의 엄마에게 하고 싶은 말

엄마도 내 나이였을 때가 있었어요. 그때의 엄마에게 말을 걸 수 있다면 어떤 말을 해 주고 싶나요?
지금 내가 느끼는 감정, 고민, 바람을 담아 아이에게 편지를 쓰듯 이야기해 보세요.
엄마도 예전에는 나와 같은 시간을 살았다는 걸 느낄 수 있을 거예요.

부모님의 한 줄 댓글

년 월 일

내 나이가 된 아이에게 하고 싶은 말

언젠가는 내 나이가 될 아이에게 해 주고 싶은 말이 있나요? 지금의 나처럼 고민하고, 열심히 살아갈 아이에게 어떤 조언을 해 주고 싶나요? 내 삶의 경험과 마음을 담아 아이에게 다정하게 전해 보세요. 이 글은 아이가 어른이 되었을 때 꺼내 읽을 편지가 될 거예요.

어린이의 한 줄 댓글

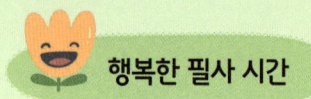

엄마야 누나야

김소월

엄마야 누나야 강변 살자.
뜰에는 반짝이는 금모래 빛,
뒷문 밖에는 갈잎의 노래,
엄마야 누나야 강변 살자.

엄마야 누나야

엄마야 누나야

년   월   일

어른이 되고 싶은 순간

가끔은 빨리 어른이 되고 싶을 때도 있지요? 어떤 순간에 그런 생각이 드나요?
어른이 되면 하고 싶은 일이나 자유롭게 누리고 싶은 것을 떠올려 보세요.
어른이 된다는 건 책임도 함께 따라온다는 점을 생각하면 글이 더 깊어질 거예요.

부모님의 한 줄 댓글

 부모님이 써요

년 월 일

아이로 돌아가고 싶은 순간

가끔은 다시 어린아이로 돌아가고 싶을 때가 있어요.
아이여서 좋았던 순간, 어른인 지금 겪고 있는 어려운 순간을 비교해도 좋아요.
이 글은 내 아이에게 위로가 될 거예요.

어린이의 한 줄 댓글

나의 추억이 담긴 장소

떠올리면 웃음이 나는 장소, 마음이 따뜻해지는 장소가 있을 거예요.
친구들과 뛰놀던 놀이터, 가족과 함께 간 여행지, 나만의 비밀 공간도 좋아요.
그곳에서 어떤 일이 있었고, 어떤 감정을 느꼈는지 구체적으로 써 보세요.

부모님의 한 줄 댓글

년 월 일

엄마의 추억이 담긴 장소

특별한 기억이 담긴 장소가 있나요? 자주 가는 곳, 중요한 일이 있었던 곳, 한 번 가 보았지만 잊지 못할 곳, 풍경이 멋진 곳 등 글로 꼭 기록해 두고 싶은 장소가 있을 거예요. 그곳에서 있었던 이야기와 함께 적어 보세요.

어린이의 한 줄 댓글

어린이가 써요

년　월　일

엄마가 좋아하는 취미

엄마가 시간 날 때마다 즐겨 하는 일이 있나요? 산책, 꽃 가꾸기, 운동 등 엄마를 기분 좋게 해 주는 취미가 있을 거예요. 엄마가 왜 그것을 좋아하는지, 그걸 할 때 어떤 모습인지 떠올려 보세요. 그 모습을 지켜본 내 느낌도 함께 담아 보면 좋아요.

부모님의 한 줄 댓글　　　　　　　　★★★★★

부모님이 써요

년 월 일

아이가 좋아하는 취미

아이의 눈이 반짝이는 순간은 언제인가요? 블록 쌓기, 춤추기, 책 읽기 등 좋아하는 활동을 생각해 보세요. 그 활동을 할 때 어떤 표정을 짓는지, 언제부터 좋아했는지도요. 엄마의 눈으로 바라본 아이의 즐거운 모습이 따뜻하게 담길 거예요.

어린이의 한 줄 댓글

년 월 일

엄마와 같이 배우고 싶은 것

엄마와 함께 배워 보고 싶은 것이 있나요? 운동, 악기, 영어, 요리 등 어떤 것이든 좋아요. 같이 배우면 더 재밌을 것 같은 이유, 그걸 통해 어떤 추억을 만들고 싶은지도 적어 보세요. 엄마와 함께 웃고 배우는 상상을 하면 즐거운 글이 될 거예요. 이미 하고 있는 것이 있다면 그것에 대해 써도 좋아요.

부모님의 한 줄 댓글

년　월　일

아이와 같이 배우고 싶은 것

아이와 함께 배우고 싶은 것이 있나요? 아이와 함께라면 더 특별할 수 있어요.
아이에게 어떤 걸 알려 주고 싶은지, 또 아이에게 배우고 싶은 것이 있는지도 생각해 보세요.
함께하는 시간이라서 더 소중할지 몰라요. 이미 하고 있는 것이 있다면 그것에 대해 써도 좋아요.

어린이의 한 줄 댓글

년 월 일

엄마와 여행하고 싶은 곳

엄마와 꼭 한번 가 보고 싶은 곳이 있나요? 바다, 산, 놀이공원, 외국, 시골 할머니 댁도 좋아요.
왜 그곳에 가고 싶은지, 엄마와 어떤 일을 함께 하고 싶은지도 상상해 보세요.
생각만으로도 웃음이 나는 여행 이야기가 나올 거예요.

부모님의 한 줄 댓글

 **부모님이 써요**

년 월 일

아이와 여행하고 싶은 곳

아이와 단둘이 가고 싶은 여행지가 있나요? 평소 가 보지 못한 곳, 어릴 적 함께 갔던 추억의 장소도 좋아요. 그곳에서 어떤 하루를 보내고 싶은지, 아이에게 어떤 것을 보여 주고 싶은지도 적어 보세요. 마음으로 떠나는 여행이 먼저 시작될 거예요.

어린이의 한 줄 댓글

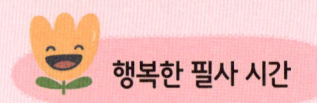 행복한 필사 시간

아기는 무섬쟁이

권태응

아기는 무섬쟁이 바보,
해만 꼴깍 넘어가고
깜깜해지면
문밖에를 한 발짝도
못 나갑니다.

아기는 겁쟁이 바보,
뜨럭에서 강아지는
혼자 자는데
아긴 글쎄 마루에도
못 나갑니다.

* 뜨럭: '뜨락'(뜰)의 사투리

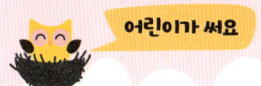

아기는 무섭쟁이

아기는 무섭쟁이 바보,

아기는 겁쟁이 바보,

어린이가 써요

년 월 일

엄마가 자주 하는 말을 들을 때의 마음

엄마가 어떤 말을 자주 하나요? 잔소리처럼 느껴지는 말도 때로는 좋을 수 있어요. 그 말에 담긴 엄마의 마음을 가만히 들여다보면 다르게 느껴질 수도 있거든요. 그 말을 들을 때 나는 어떤 기분이 드는지, 왜 그런지 솔직하게 써 보세요. 엄마에게 내 마음을 전하는 글이 될 거예요.

부모님의 한 줄 댓글

 부모님이 써요

년   월   일

아이가 자주 하는 말을 들을 때의 마음

아이에게서 어떤 말을 자주 듣나요? 장난처럼 하는 말, 진심이 담긴 말, 어쩌면 마음 아픈 말도 있을 수 있어요. 그 말을 들을 때 엄마 마음은 어떤지, 그 말에 담긴 의미를 생각해 보세요. 말 속에 숨은 아이의 마음도 함께 들여다볼 수 있을 거예요.

어린이의 한 줄 댓글

년 월 일

엄마를 오해한 순간

엄마의 말이나 행동을 오해한 적이 있나요? 그때는 속상했지만, 시간이 지나고 보니 엄마의 진심이 무엇이었는지 알게 된 순간이 있을 거예요. 어떤 일이 있었고, 그 뒤로 어떻게 마음이 달라졌는지를 써 보세요. 오해를 풀고 마음을 나누는 글이 될 수 있어요.

부모님의 한 줄 댓글

부모님이 써요

년   월   일

아이를 오해한 순간

아이의 말이나 행동을 오해한 적이 있나요? 나중에 알고 보니 아이 나름의 이유가 있었던 적도 있을 거예요. 그 순간을 떠올리며, 오해를 어떻게 풀었는지, 지금은 어떤 마음인지 적어 보세요. 아이를 더 이해하는 시간이 될 수 있어요.

어린이의 한 줄 댓글

년   월   일

내가 생각하는 좋은 친구

우리가 집에서 가족과 함께 살듯, 밖에서는 친구와 사는 것 같아요. 그런데 친구들마다 성격이나 마음, 생각이 참으로 다양하죠? 이 중에서 나와 잘 맞는 친구를 사귀기 위해 노력하고 있고요. 여러분이 생각하는 좋은 친구란 어떤 아이인지 두세 가지 이유를 들어 써요.

부모님의 한 줄 댓글

부모님이 써요

년 월 일

내가 생각하는 좋은 친구

성인이 되어서 다양한 친구와 접촉을 하며, 좋은 친구에 대한 기준이 생겼을 거예요.
어떤 친구가 좋은 친구인지 엄마의 생각을 써 준다면, 아이의 친구 관계에도 도움이 될 거예요.
엄마에게 좋은 친구, 아이에게 좋은 친구의 기준이 다르다면 둘 다 써 보세요.

어린이의 한 줄 댓글

년 월 일

엄마가 정말 싫어하는 것 3가지

엄마는 어떤 걸 싫어할까요? 음식, 소리, 말, 상황 등 사소한 것일 수도 있고, 엄마와 너무 다른 생각이나 태도일 수도 있어요. 엄마가 싫어한다고 했던 것들을 떠올리며, 왜 싫어하는지도 함께 생각해 보세요. 잘 모르면 물어보고 써도 좋아요.

부모님의 한 줄 댓글 ☆☆☆☆☆

년   월   일

아이가 정말 싫어하는 것 3가지

아이가 정말 싫어하는 것들을 하나하나 떠올려 보세요.
음식, 공부, 옷, 어떠한 상황 등 여러 가지가 있겠죠.
하나씩 떠올려서 이유를 쓰다 보면 왜 싫어하는지 더 이해될 수 있어요.

어린이의 한 줄 댓글

년 월 일

엄마와 나눈 가장 좋은 이야기

엄마와 나눈 이야기 중에서 기억에 오래 남는 대화가 있나요? 짧았지만 따뜻했던 말, 긴 시간 진심을 나눴던 순간도 좋아요. 그 이야기를 다시 떠올리며, 그때 어떤 기분이었고 왜 기억에 남았는지 적어 보세요. 말보다 마음이 더 깊게 전해지는 글이 될 거예요.

부모님의 한 줄 댓글

년 월 일

아이와 나눈 가장 좋은 이야기

대화는 사실 쉽고도 어려운 일이죠. 마음을 나누어서 좋았던 대화, 아이의 생각이나 마음을 알게 되어서 좋았던 대화, 일상의 소소한 대화였으나 그저 좋았던 것들을 떠올려 보세요. 만약 떠오르지 않는다면 이번 기회에 대화를 나누어 보아도 좋겠어요.

어린이의 한 줄 댓글

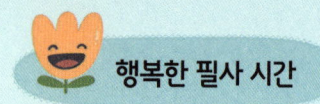

제일로 소중한 것

권태응

아픈 사람에게
제일로 소중한 것,
그건 그건 건강 회복.

어린 아기에게
제일로 소중한 것,
그건 그건 엄마 사랑.

없는 사람에게
제일로 소중한 것,
그건 그건 쌀과 돈.

 어린이가 써요

제일로 소중한 것

아픈 사람에게

 부모님이 이어서 써요

없는 사람에게   어린 아기에게

년 월 일

엄마의 하루를 산다면?

우리는 하루를 보내면서 다른 사람의 하루는 어떨까 생각해 볼 때가 가끔 있어요.
내가 사랑하는 엄마의 하루를 보낸다면 어떨까요? 엄마의 생활, 마음을 더 이해할 수 있지 않을까요?
엄마의 하루를 떠올리며 그 하루를 보내는 상상을 해 보세요.

부모님의 한 줄 댓글

 부모님이 써요

년 월 일

아이의 하루를 산다면?

내 아이가 조금 더 잘 자랐으면 해서, 아이의 하루를 챙겨 주기 위해 늘 노력하고 신경 쓰죠. 그런데 그 아이의 하루를 내가 대신 보낸다면 어떤 기분이 들까요? 무엇보다 아이의 마음과 생각을 이해할 수 있을 것 같아요. 대신 보낸 아이의 하루를 상상해 보세요.

어린이의 한 줄 댓글

년 월 일

엄마가 자주 하는 실수

사람은 누구나 실수를 해요. 그래서 더 성장할 수 있어요.
내가 본 엄마 모습 중 자주 하는 실수는 무엇이 있나요?
왜 실수를 하는 것 같은지, 그때 나는 어떤 말이나 행동을 하는지 써 보세요.

부모님의 한 줄 댓글

년 월 일

아이가 자주 하는 실수

내 아이는 생활하며 어떤 실수를 많이 하나요? 함께 사는 엄마가 가장 잘 알겠죠.
그 실수를 천천히 써 보고 아이가 왜 실수를 하는지, 어떻게 도와주고 있는지 쓰면 좋겠어요.
실수는 실패가 아니니, 응원의 말도 담아 보면 어떨까요?

어린이의 한 줄 댓글   ★★★★★

년 월 일

엄마가 가장 아끼는 물건

우리 엄마는 과연 어떤 물건을 가장 아낄까요? 물건을 아끼는 이유는 그 물건에 담긴 추억 때문일 수도 있고, 어렵게 마련했기 때문일 수도 있어요. 엄마가 아끼는 물건은 무엇인지, 왜 아끼는지, 그래서 그것을 어떻게 대하는지 써 보세요. 잘 모르면 엄마에게 여쭤 보세요.

부모님의 한 줄 댓글 ☆☆☆☆☆

 **부모님이 써요**

년　월　일

아이가 가장 아끼는 물건

우리 아이가 사랑하고 아끼는 물건이 하나쯤은 있죠?
아이는 왜 그것을 그리 좋아하고 아끼는 걸까요? 그 물건을 어떻게 대하는지,
천천히 떠올려 쓰다 보면 아이의 마음을 더 이해하게 될 거예요.

어린이의 한 줄 댓글

년 월 일

내가 엄마를 보고 배우는 것

엄마는 나를 낳은 것만으로도 참 멋진 사람이에요. 한 사람에게 세상의 빛을 보게 해 준 거니까요. 그런데 생활하다 보면 엄마의 멋진 점이 또 있을 거예요. 엄마의 말과 행동, 하루를 보내는 법, 생각 등을 떠올려 보세요.

부모님의 한 줄 댓글

년 월 일

내가 아이를 보고 배우는 것

아이는 어른의 어른이라는 말이 있어요. 어른보다 편견이 적고 아이만의 통찰이 있어 배울 점이 있지요. 그중에서도 특히 이 점은 정말 배울 만하구나, 생각했던 것을 떠올려 적어 보세요. 아이가 본다면 스스로도 뿌듯해 할 거예요.

어린이의 한 줄 댓글

년 월 일

엄마 자랑 시간

우리 엄마 자랑을 좀 해 볼까요? 사람은 누구나 장점이 있으니까요. 그냥 엄마 자체가 좋지만 그래도 더 구체적으로 생각해 보면 좋겠어요. 장점은 대단한 것만을 의미하지 않아요. 그 사람을 사랑하는 만큼 소소한 것도 모두 장점이 될 수 있으니 차분히 떠올려 보세요.

부모님의 한 줄 댓글

년 월 일

아이 자랑 시간

누구나 반짝이는 별로 태어나죠. 우리 아이에게는 어떤 반짝임이 있을까요?
밥을 잘 먹는 것도, 예의가 바른 것도, 스스로 할 일을 하는 것도 모두 장점이 될 수 있을 거예요.
하나하나 적다 보면 작은 아이가 위대해 보일지도 몰라요.

어린이의 한 줄 댓글

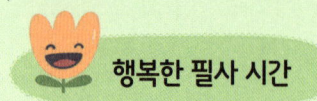

병아리

윤동주

"뾰, 뾰, 뾰,
엄마 젖 좀 주."
병아리 소리

"꺽, 꺽, 꺽,
오냐 좀 기다려."
엄마 닭 소리

좀 있다가
병아리들은
엄마 품으로
다 들어갔지요.

 어린이가 써요

병아리

"뾰, 뾰, 뾰,

 부모님이 이어서 써요

"꺽, 꺽, 꺽,   좀 있다가

다시 부모님께

아이와 함께 이 책의 주제를 하나하나 써 보면서 어떤 마음이었나요? 아이 글을 볼 때는 어떤 마음이었나요? 지금의 느낌도 소중하지만 10년 후, 20년 후 꺼내어 보면 분명히 또다른 마음일 거라 생각해요. 시공간을 초월하여 글이 주는 힘은 정말 대단하거든요.

마음을 고이 담은 이 책을 부디 간직하시어 때때로 꺼내 보면 좋겠어요. 아이가 조금 미워지려 할 때, 키우는 일이 힘에 겨울 때, 애지중지 키워 결국 품에서 떠나보내야 할 때, 그럴 때마다 읽어 보세요. 보지 못했던 아이의 마음이, 생각이, 사랑이 보일 거예요.

그리고 어쩌면 이내, 아이가 나비처럼 날아와 앉아 위로해 주는 느낌이 들지도 모르겠어요. 그 위로의 순간을 꼭 맞이해 보세요. 이 책과 함께요.

엄마가 내 엄마라서 좋아! 네가 내 아이라서 좋아!

초판 1쇄 인쇄 2025년 8월 5일
초판 1쇄 발행 2025년 8월 20일

지은이 오현선

대표 장선희 **총괄** 이영철
기획위원 김혜선 **기획편집** 강교리, 조연곤, 최지수
디자인 양혜민, 이승은 **외주디자인** 이희숙
마케팅 김성현, 유효주, 이은진 **경영지원** 전선애

펴낸곳 서사원주니어 **출판등록** 제2023-000199호
주소 서울시 마포구 성암로330 DMC첨단산업센터 713호
전화 02-898-8778 **팩스** 02-6008-1673 **이메일** cr@seosawon.com   홈페이지   인스타그램

ⓒ 오현선, 2025

ISBN 979-11-6822-459-9 63700

• 이 책은 저작권법에 따라 보호를 받는 저작물이므로 무단 전재와 무단 복제를 금지합니다.
• 이 책 내용의 전부 또는 일부를 이용하려면 반드시 저작권자와 서사원 주식회사의 서면 동의를 받아야 합니다.
• 잘못된 책은 구입하신 서점에서 바꿔드립니다. • 책값은 뒤표지에 있습니다.

 서사원은 독자 여러분의 책에 관한 아이디어와 원고 투고를 설레는 마음으로 기다리고 있습니다.
책으로 엮기를 원하는 아이디어가 있는 분은 서사원 홈페이지의 '출간 문의'로 원고와 출간 기획서를 보내주세요.
고민을 멈추고 실행해보세요. 꿈이 이루어집니다.